après 4 mois d'apprentissage

Lire, c'est facile!

Aventures au pays des lutins

boum est un héros

tina observe l'arbre.
regarde, dit-elle,
l'arbre est plein de noix.
allons les cueillir.
viens tim, aide-moi!

pas le temps, répond tim.
je vais voir rusé.
je lui ai promis.
demain, je n'ai rien à faire,
nous pourrons les cueillir.

tim se rend chez rusé.
peuh! grommelle tina.
je n'ai pas besoin de tim
pour cueillir des noix.
allons, au travail!

tina va chercher l'échelle.
en un clin d'œil,
la voilà dans l'arbre,
elle monte de plus
en plus haut.

attention, tina!
cette branche n'est pas
solide.
crac! fait la branche.
à l'aide! crie tina.

boum l'ours l'entend.
je vais te sauver, lance-t-il.
boum grimpe à l'échelle,
et aide tina à descendre.
mon héros! soupire tina.
tu as bien mérité un bisou.

pinpin est en danger

rusé se lèche les babines.
c'était délicieux, dit-il.
mon ventre est plein!

pinpin le lapin passe
dans le coin.
il en reste un peu pour moi?
j'ai tout dévoré, répond rusé.
quel dommage! soupire pinpin.

je connais un champ plein
de carottes, dit rusé.
où? crie pinpin.
rusé lui indique le chemin.
mais sois prudent, lui dit-il,
cela peut être dangereux.

pinpin n'entend plus rien.
il est déjà en chemin.
le voici dans le champ.
il s'empiffre, et s'empiffre…
pan! mais on lui tire dessus!
le fermier est furieux,
et sur pinpin, il fait feu.

pinpin s'enfuit à
toute allure.
il n'a jamais été aussi effrayé.
il galope jusque chez rusé,
et lui raconte son aventure.

le fermier est encore là.
voilà qui est fait, dit-il.
ce lapin est parti..
en ne tirant pas pour de vrai,
le voilà déguerpi!
mes carottes sont à l'abri!

l'abeille et la fleur

tina a acheté du tissu
qui est décoré de fleurs.
des rouges, des jaunes
et des bleues.

avec ce tissu à fleurs,
tina va fabriquer des
coussins pour mettre
sur le banc du jardin.
quel travail!

que fais-tu? demande tim.
attends un peu.
c'est une surprise,
ce sera beau, tu verras.

enfin, tina est prête.
elle pose les coussins sur la chaise.
ouvre les yeux, tim, dit-elle.
tu peux regarder.
c'est magnifique!

ils vont s'asseoir au jardin
sur les beaux coussins.
tim apporte du jus
et des biscuits.
tina les a bien mérités.
bzz, bzz, fait une petite abeille
qui vient se poser sur le coussin.

tim ne voit pas l'abeille,
et s'assoit sur elle.
aïe! crie-t-il en bondissant.
l'abeille s'enfuit en bourdonnant.
quelle peur! pauvre tim!

la charrette

tim a trouvé un tas de bois
qui traînait dans la forêt.
il n'était à personne.
à présent, il est à lui.

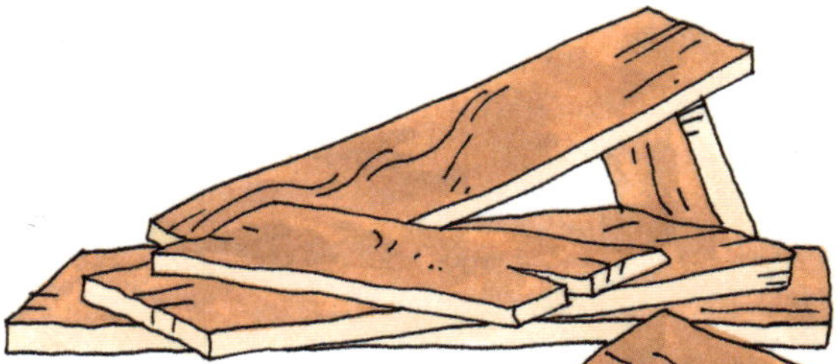

tim est tout content.
il va fabriquer plein de choses.
une armoire, dit tim.
nous en avons déjà une,
dit tina, et aussi une table.
pourquoi pas une charrette?

une charrette! crie tim.
c'est une bonne idée.
mettons-nous au travail.
tina scie, et tim cloue.
en travaillant toute la journée,
leur charrette est terminée.

tina monte
dans la charrette. tim la tire.
puis, ils changent de place.
quelle belle charrette,
dit boum.

boum monte dans la charrette.
mais il est trop gros.
et doit s'asseoir sur le bord.
tim et tina tirent, et poussent,
mais boum est trop lourd.

je vais vous tirer, dit boum.
tout le monde en voiture!
que boum est fort!
ils traversent toute la forêt
et s'amusent comme des fous.

dou bi dou

boum se balade dans le bois.
dou bi dou, chantonne boum.
il a l'air très heureux.
il a un grand sourire
et il chante un air joyeux.

bonjour boum, dit tina, ça va?
boum ne l'entend pas
et gambade de plus belle.
bonjours boum, salue tim.
boum ne le voit pas
et continue à danser.

boum est-il malade?
il a l'air si bizarre, dit tina.
boum est dans les nuages,
lui répond tim,
je ne sais pas pourquoi.

boum est assis contre un arbre.
dou bi dou, chante-t-il.
qu'y a-t-il? demande tina.
c'est un secret, dit boum.
mon cœur fait des bonds.
je suis amoureux.

tina veut tout savoir.
de qui est-il amoureux?
boum ne connait pas son
nom. il l'a vue de loin.
mais elle est douce et jolie.

je pense sans cesse à elle,
et la prochaine fois…
je lui donne un bisou!
tu n'oseras pas, lui dit tina.
tu paries? lance boum.

un étrange oiseau

roucou le hibou
est sur sa branche.
il a entendu du bruit.
il fait presque nuit.
mais roucou voit
comme en plein jour.
il a vu un étrange oiseau.

roucou s'envole
prévenir tous les animaux.
attention, dit le hibou,
il y a un étranger chez nous.
un mystérieux oiseau noir.
ne sortez pas de chez vous.
il peut y avoir du danger.

un étranger dans le bois!
tim et tina décident
d'aller voir sur place.

tim et tina vont dans la forêt
et trouvent l'étrange oiseau.
je suis carbone le corbeau,
je me rends dans les
montagnes
mais je suis très fatigué.

repose-toi, lui propose tina.
viens jusque chez nous
manger du fromage
et boire du lait
pour reprendre des forces.

carbone raconte des histoires
qui parlent des montagnes.
tous les animaux l'écoutent,
rassemblés autour de lui.
sauf roucou le hibou.
car il a un peu honte.

une robe de fête

bonjour tina,
dit casse-noisette.
elle tourne sur elle-même.
quelle belle robe de fête!
je l'ai faite moi-même,
ajoute casse-noisette.

tim est admiratif.
que tu es jolie, dit-il,
tu vas à une fête?
casse-noisette est fière!

mais aucune fête n'est prévue.
quel dommage! ajoute tim.
organisons une fête, lance tina.

ils réfléchissent.
une fête, c'est très bien,
mais… une fête pour rien?
qui a une idée?
j'ai trouvé,
ce que nous allons fêter,
c'est l'arrivée de l'été!

quelle bonne idée!
tout le monde va participer!
boum prépare des gaufres
et pinpin un gâteau.
rusé apporte une friandise
et maman blaireau du vin.

tina dispose des flambeaux
et tim allume le feu de camp.
tout le monde est autour du feu.
casse-noisette porte
sa belle robe, et tout le monde
est très content.